Bernhard Meuser

Weihnachts-
sehnsucht

Bernhard Meuser

Weihnachts-sehnsucht

Mit Fotografien von
Renate und Georg Lehmacher

fontis

Bibliografische Information der Deutschen Nationalbibliothek
Die Deutsche Nationalbibliothek verzeichnet diese Publikation in der
Deutschen Nationalbibliografie; detaillierte bibliografische Daten sind im
Internet über www.dnb.de abrufbar.

Umschlag: Spoon Design, Olaf Johannson, Langgöns
Foto Umschlag: Kotenko Oleksandr/Shutterstock.com
Foto Rückseite: Kotenko Oleksandr/shutterstock.com
Fotos im Innenteil: Renate und Georg Lehmacher
Satz und Innengestaltung: Atelier Georg Lehmacher, Friedberg
Druck: Finidr
Gedruckt in der Tschechischen Republik

ISBN 978-3-03848-098-3

Inhalt

Weihnachts-Sehnsucht

Fragen Sie 100 Menschen, mit welchem Ereignis sie die tiefsten Gefühle verbinden – und es sagen 90: «mit Weihnachten!» Fragen Sie einen x-beliebigen Menschen: «Was ist es genau, das Sie seelisch so tief mit diesem Fest verbindet?» – so werden Sie Worte hören wie Geborgenheit, Licht, Sinn, Wärme, Liebe, Heimat. Jedes dieser Worte ist emotional gesehen ein schweres Kaliber. Trotzdem bleiben alle diese Worte seltsam blass. Und manch einer gesteht seine Hilflosigkeit ein: «Weihnachten ist eben *so ein Gefühl* – ich finde keine Worte dafür!»

Nun leben wir in Zeiten des Ausverkaufs der großen Gefühle. Im letzten Jahr zeigte mir mein Sohn am Heiligen Abend sein Handy; eine nette junge Dame hatte ihm geschrieben: «Ruhe fein in dieser Nacht – es wird das Weihnachtsglück gebracht. Engel hüten unser Glück, wir lieben uns noch ein größeres Stück!» Ich wusste nicht, was ich davon halten sollte. Mein Sohn schmunzelte: «Kriegt man aus dem Internet!» Zum Beweis klickte er mir die entsprechende Seite an; da fanden wir auch noch: «Ich bin eine kleine Weihnachtsmaus, steh leider nicht vor deinem Haus. Darum schick ich dir jetzt, aus der Ferne, eine Hand voll Weihnachtssterne», sowie das männliche Pendant: «Ich bin ein kleiner Weihnachtsmann, der singen und auch tanzen kann. Bist du meine Weihnachtsfrau? Komm, ich lad dich ein in meinen Bau!»

Man steht ratlos vor diesem Müll von inszenierten Gefühlen und weiß nicht, wie man an die echten kommen soll. Von Weihnachten hat ein kluger Mensch gesagt, es sei das heruntergekommene Fest eines heruntergekommenen Gottes. Heißt Weihnachten feiern, sich mit abgelebten, standardisierten Gefühlen trösten? Oder ist da mehr? Von Jahr zu Jahr bin ich unglücklicher mit dem emotionalen Overkill, der über mich hereinbricht.

In mir wuchs eine tiefe Sehnsucht, an das echte Weihnachten heranzukommen. Das führte mich auf eine innere Reise, von der ich Ihnen gerne berichten möchte.

* * *

Es war der Samstag zum vierten Advent. Ich kam gerade von einem Fernsehabend mit meinen halbwüchsigen Kindern, die ihre gutwilligen Eltern verleitet hatten, die kostbare Familienzeit der «ultimativen Chart-Show» zu widmen; es ging immerhin um die 24 beliebtesten Weihnachtslieder der Deutschen. Der Moderator gab sich mit einigen weihnachtsseligen B-Promis vor einem Elchschlitten und einem tanzenden Christbaum ein sentimentales Stelldichein. Die gutgelaunte Runde tauschte Kinderbilder aus, gab sich die Glühweindröhnung und

schwadronierte. Zwischendurch ging die Musik ab. Wir hielten es aus von Nummer 24 bis Nummer 19. Eine junge Dame hauchte, stöhnte, gurrte ein Lied namens «Silent Night» in das Mikro, als müsse sie vor laufender Kamera ihre Orgasmusfähigkeit unter Beweis stellen. «Das genügt», fanden selbst meine Kinder. Verstört zogen wir uns auf unsere Zimmer zurück, wo jeder für sich versuchte, den Abend anders ausklingen zu lassen.

Ich hatte Sehnsucht nach etwas ganz anderem, einer anderen Zeit, einer anderen Welt. Ich ging zum Bücherschrank, griff eher zufällig zu einem mystischen Werk aus dem Mittelalter, las unschlüssig da und dort. An vier Worten blieb ich hängen: «Volkomne Liebi, grundlosze Süssikait». Ich prägte mir die Worte ein, klappte das Buch zu, nahm den Mantel und verließ das Haus.

Weihnachten mit der Seele suchen

Eine weiße Weihnacht war nicht in Aussicht. Stattdessen war es kalt und diesig. Entschlossen schlug ich den Kragen hoch und wandte meine Schritte aus der Stadtrandsiedlung hinaus aufs freie Feld, hinüber zum Waldrand. Der Mond schien hell und tauchte die weißbereiften Bäume in ein zauberhaftes Licht. Bald war nur noch Mondlicht, leichter Nebel und Stille um mich. Die Lichter der Stadt grüßten durch den kaltfeuchten Dunst zu mir herüber in die Einsamkeit.

Ich musste mir diese verkorkste Adventszeit von der Seele laufen. In mir rumorte es. Von allem hatte es zu viel gegeben. Zu viel Arbeit, zu viele Projekte, die unbedingt noch vor Jahresende über die Bühne gebracht werden mussten, zu viel Verkehr, zu viele Staus, zu viele Weihnachtsmärkte und Weihnachtsfeiern, zu viel Jingle Bells, zu viel Alkohol, zu viel Süßkram, zu viel Sodbrennen, zu viel Depressionen, zu viel Beziehungsknatsch.

Meine Füße hatten ein bestimmtes Ziel, das sich selbst in der Nacht leicht finden ließ. Der Feldweg, der sich am Waldrand erstreckte, führte zu einer alten Linde, die ich an manchen Abenden während des Jahres mit meiner Frau aufgesucht hatte. Der Ort war uns ans Herz gewachsen, denn er hatte eine besondere Ausstrahlung. Die Linde war uralt; sie hatte viele Generationen kommen und gehen sehen und mit den Jahren kaum fassbare Ausmaße angenommen. Der Baum, fanden wir, hatte etwas Mütterliches: In einer leichten Seitenlage wölbte er sich fürsorglich über einen kleineren Baum, ebenfalls eine Linde. Zwischen dem großen und dem kleinen Baum hatten Menschen einer anderen Zeit ein Feldkreuz errichtet, an dessen Fuß wir im Sommer oft kleine Blumensträuße fanden. Caspar David Friedrich, da waren wir uns sicher, hätte diese Szenerie gemalt.

Noch ging ich im grieseligen Grau, allein den Traktorspuren des Feldweges folgend. Bald aber traten aus dem nachtgrauen Pastell am Horizont die Umrisse der alten, jetzt über und über weiß bereiften Linde hervor – ein zauberhaftes Bild. Aber da war etwas, das ich nicht identifizieren konnte. Etwas leuchtete warm von unten, formte einen höhlenartigen Raum. Als ich näher kam, sah ich, was es war. Jemand hatte zwischen den Bäumen, zu Füßen des Wegkreuzes, ein kleines Licht entzündet. Jemand hatte den winterlichen Ort durch ein rot leuchtendes Wachslicht geschmückt, eine kleine Kerze, die sich still flackernd gegen den Zugriff des Windes und der feuchten Nacht wehrte. Mitten in der Nacht brannte abseits der bewohnten Welt ein scheinbar nutzloses Licht. Wem sollte es leuchten? Wen sollte es erfreuen? Es brannte für niemanden. Oder für alle. Und für mich.

Ich stand da. Einsam, fröstelnd, leer. Ein Mensch, der die Weihnachtsfreude sucht und sie nicht zu finden weiß. Ein Mensch mit einem kleinen Licht in der Nacht. Jetzt kamen mir die Worte wieder in den Sinn, die mir der Zufall zugespielt hatte: «Volkomne Liebi, grundlosze Süssikait». Was mochte das für eine Zeit gewesen sein, in der Mönche sich um so etwas kümmerten? Das Vollkommene, die Süßigkeit. Es muss grausam kalt gewesen sein in den mittelalterlichen Klöstern. Nur das Refektorium wurde beheizt. Hinter den hohen Mauern war es still. Wenn die Nacht hereinbrach, erinnerte nur spärlicher Kerzenschein an das Licht. Der Advent galt als Fastenzeit vor dem großen Fest. Der Zucker war noch nicht erfunden. Man süßte, wenn überhaupt, mit kostbarem Honig. Die Menschen waren arm. Nichts war perfekt. Die Welt war leer. Die Sehnsucht konnte wachsen, innerlich.

Seltsam, dachte ich, sie hätten sich sehnen können nach ein bisschen Luxus, nach alltäglichen Annehmlichkeiten. Aber sie sehnten sich nach Metaphysik, nach dem, was «meta», also über das Materielle, die Physik, hinausging, nach vollkommener *Liebi*, nach grundloser *Süssikait*, nicht nach sentimentalen Songs, nach Glühwein in rauhen Mengen und ultimativen Lebkuchenkreationen. Ihre Vision von Vollkommenheit war inkompatibel mit der Perfektion aus der Hightech-Abteilung unserer Warenhäuser, dem lieblos zusammengetragenen, endlich gar «saubilligen» Geschenkmüll auf dem Elchschlitten. Sie suchten etwas, das die Seele wärmt. Sie suchten nach dem kleinen roten Licht unter der Linde; sie suchten wohl – ein großes Wort – nach Gott und wärmten sich am Bild des göttlichen Kindes in der Krippe, in dem sie *Liebi* und *Süssikait* fanden.

Plötzlich fühlte ich eine Verwandtschaft zu dieser anderen Zeit, in der es keine Chart-Shows gab, dafür aber Menschen, die ihre Kälte und Leere aushielten, damit sie aus Regionen jenseits der Sterne her beschenkt wurden. Ich sog die kalte Luft in meine Lunge ein.

Weihnachten konnte kommen.

Die kleine Eisenbahn

In dieser Nacht zum vierten Advent hin schlief ich gut, tief und traumreich. Meine Seele suchte ihre Kindheit auf. Sie machte sich an einem Bild fest, das sich so wohl um 1960 oder 1961 herum ereignet hat: Es ist der Weihnachtsmorgen in einem rheinhessischen Dorf, etwa gegen 7 Uhr. Obwohl unsere Familie damals aus fünf Personen bestand – meinen Eltern, mir und meinen beiden jüngeren Geschwistern –, so spielen in diesem Bild nur meine Mutter und ich eine Rolle. Das Bild beginnt mit einem akustischen Eindruck: den knirschenden Schritten, mit denen wir uns durch den frisch gefallenen Schnee von der Christmette nach Hause bewegen. Hinter uns liegt der Glanz der Heiligen Nacht, wie sie in der Kirche begangen wurde mit innigen Gesängen, mit einem Meer aus Kerzen, mit Weihrauch und Hirtenmusik auf der Orgel. Jetzt aber ziehe ich meine Mutter mit Gewalt nach Hause. Etwas viel Schöneres, etwas *Paradiesisches* wartet auf mich. Im Haus ist es kalt. Eine Heizung besitzen wir nicht. Im Winter blühen morgens die Eisblumen an den Fenstern. Die Federbetten sind klamm, wenn wir aufwachen.

Sofort eile ich in das Weihnachtszimmer. Vom Vorabend hängt noch der Geruch von Tannenzweigen, von Kerzen, von Papas Zigarren und von Plätzchen in der Luft. Dort unter dem Christbaum, wo sonst immer die Krippe steht, ist das, worauf ich mich so unendlich freue: eine Eisenbahn, eine wirkliche Eisenbahn! Ich finde sie im Dunkeln, finde den kleinen blauen Transformator, drehe an dem Schaltknopf. Sofort gehen die Lichter der kleinen Anlage an und das Wunderding setzt sich rasselnd in Bewegung. Während ich der Lokomotive und den Wagen mit den Augen folge, fällt von der Küche her ein Lichtschein in das Zimmer. Mutter hat den Herd angeheizt. Langsam erwärmt sich von der Küche her das ganze Haus. Bald duftet es nach Kaffee und nach dem Christstollen, den Mutter zum festlichen Frühstück aufschneidet. Aber noch ist Zeit. Unendlich viel Zeit. Ich liege auf dem Bauch und betrachte selig meine kleine Dampflok, wie sie Mal um Mal im Tunnel verschwindet und mit dem Licht am Bug wieder auftaucht.

Manche sagen, in einem Leben gebe es nur fünf oder sechs Momente, in denen man vollkommen glücklich ist. Das war einer. Ich war einmal im Paradies.

Und es war Weihnachten, als ich dort war.

Weihnachten – ein Rückweg ins Paradies?

Wo liegt Weihnachten? Anders gesagt: Wo liegt die Freude, die über alles Begreifen hinaus stark ist? Die Mythen der Menschheit geben eine eindeutige Auskunft: Die Heimat der Freude ist das Paradies. Adam und Eva leben in einem wunderschönen Garten. Sie sind nackt, und sie schämen sich nicht; sie sind ohne Sünde und ohne Begehren. Sie haben alles, was sie brauchen. Die Zeit ist noch nicht erfunden. Was Sorgen sind, wissen sie nicht; auch nicht, was es heißt, sein Brot im Schweiß seines Angesichts zu verdienen. Sie sind aufgehoben in der Liebe ihres Schöpfers. Sie sind wie ewige Kinder, die in einem unendlichen Spiel begriffen sind. Die Menschen kennen keine Leiden. Sie sterben nicht.

Das bedeutendste Werk des englischen Dramatikers John Milton (1608–1674) trägt den Titel «Paradise Lost» – verlorenes Paradies. Oft werden diese beiden Worte bemüht, wenn es darum geht, die fundamentale Schieflage zu beschreiben, in der sich jeder Mensch in seiner Welt vorfindet. Warum können wir uns um alles in der Welt nicht einfach damit abfinden, dass die Dinge sind, wie sie sind? Niemand hat die Banalität des Menschlichen so lakonisch beschrieben wie Matthias Claudius (1740–1815) in seinem Gedicht «Der Mensch»:

Empfangen und genähret
vom Weibe wunderbar,
kömmt er und sieht und höret
und nimmt des Trugs nicht wahr;
gelüstet und begehret
und bringt sein Tränlein dar;
verachtet und verehret;
hat Freude und Gefahr;
glaubt, zweifelt, wähnt und lehret,
hält nichts und alles wahr;
erbauet und zerstöret und quält sich immerdar;
schläft, wachet, wächst und zehret;
trägt braun und graues Haar,
und alles dieses währet,
wenn's hoch kommt, achtzig Jahr.
Dann legt er sich zu seinen Vätern nieder,
und er kömmt nimmer wieder.

Warum können wir diese Banalität nicht ertragen? Warum können wir uns nicht damit abfinden, dass wir eine lächerliche Lappalie am Rand des Universums sind? Milton sagt es: Weil wir das Paradies verloren haben.

Weil uns ein «Kerubim … und das lodernde Flammenschwert» (1. Mose 3,24) den Zugang zum Paradies verwehren. Zwischen uns und dem Glück ist eine Art «Firewall». Und doch wissen wir Menschen mit intuitiver Sicherheit, dass wir für genau dieses Paradies, zu dem uns ein störender Engel den Zutritt verweigert, bestimmt sind. Dort ist unser «Himmel», dort sind wir in unserem Element. Hier auf der Erde sind wir Fremdlinge. Wir sind Menschen – und können doch in einem ganzen, langen Leben kaum dreimal sagen: «Hier bin ich Mensch, hier darf ich's sein.» Wir wissen genau, dass das nicht unsere Bestimmung ist, für ein paar Jahre in einer Hochhauswohnung in München-Neuperlach oder in einem Einfamilienhaus in Hamburg-Harburg zu wohnen, unser Geld an der Kasse eines Discounters oder im Auslieferungslager eines Schraubenherstellers zu verdienen, um dann noch ein paar Jahre in einem Altenheim oder einer Seniorenresidenz zu vegetieren und dann auf dem Nord-, Ost- oder Westfriedhof verscharrt zu werden.

Weil das nicht alles sein kann, machen wir uns Gucklöcher ins Paradies. Weil uns «ein unnennbar süßer Himmel … ewig im Gemüte steht» (Novalis), schalten wir am Vorabend zum vierten Advent das Fernsehgerät an, um weihnachtlich kostümierten Sympathieträgern dabei zuzusehen, wie die sich mit Glühwein und Kinderbescherungsbildern ebenfalls ein Guckloch bauen, das sie aus der Banalität unserer sterblichen Existenz herausführt. Es ist übrigens nur ein gradueller Unterschied, ob wir das Guckloch ins Paradies statt im Fernsehen bei einer Aufführung des Bach'schen Weihnachtsoratoriums entdecken und uns der paradiesische Schauder beim trompetenüberglänzten «Jauchzet, frohlocket, auf, preiset die Tage» überfällt. Es geht um die Frage, ob das weltverlorene Kinderspiel mit der Eisenbahn, die schönen Gefühle bei Plätzchen und Glühwein, die beseligenden Hirtenmusiken, kurz: *ob Weihnachten wahr oder ein sentimentaler Betrug ist.*

Führen unsere Gucklöcher in die Realität, in das Herz der Dinge – oder blicken wir nur in Gefängnisse des Selbstbetrugs? Wahrscheinlich geht uns das vorweihnachtliche Treiben auf Märkten, in Kaufhäusern oder im Fernsehen deshalb so auf die Nerven, weil wir das Augenzwinkern dieser bezuckerten Weihnachtskomparserie spüren: Leute, es ist zwar nicht wahr, aber betrügen wir uns einmal herzhaft mit dem schönen Schein! «Die Welt», befand schon Sebastian Brant (1499–1543) in seinem *Narrenschiff,* «die will betrogen sein».

Nein, ich möchte nicht betrogen werden. Ich möchte die Welt ohne Zuckerguss und Glühwein aushalten. Mir gehen gelogene Weihnachtslieder gegen den Strich. Ich möchte sie auch meinen Kindern nicht zumuten. Ich möchte wissen, ob ich es mit einem fatalen Lichteffekt zu tun habe oder ob das Licht, das ich in der Nacht gefunden habe, ein Widerschein aus dem Paradies ist: «Nacht, mehr denn lichte Nacht! Nacht, lichter als der Tag, Nacht, heller als die Sonn', in der das Licht geboren» (Andreas Gryphius). Wird es an Weihnachten hell in der Welt, weil Christus geboren wurde und er – auf

welche Weise auch immer – uns Menschen einen Weg in das Paradies geöffnet hat? Oder bleibt es finster?

Das will ich wissen.

Der schöne Schein in der Nacht

Als ich bei meinem nächtlichen Gang in die Natur vor der kleinen roten Kerze unter der übermächtigen Linde stand und sich das kleine Lichtchen trotzig gegen ein Universum aus Kälte und Dunkelheit behauptete, kam mir ein Vers ganz zu Anfang des Johannesevangeliums in den Sinn: «Das Licht leuchtet in der Finsternis, und die Finsternis hat es nicht erfasst» (Joh 1,5). Ich lese zweierlei daraus: Die Finsternis kann das Licht nicht begreifen, sie ist unfähig, es wahrzunehmen – und: Alle Finsternis zusammen kann doch dieses eine Licht nicht löschen. Es ist da. Das Licht ist nicht mehr aus der Welt zu schaffen.

Es ist Zeit, die Ursituation der weihnachtlichen Lichterzählung aufzusuchen! «In jener Gegend», heißt es bei Lukas, «lagerten Hirten auf freiem Feld und hielten Nachtwache bei ihrer Herde» (Lk 2,8). Draußen, bei den Hirten auf dem Feld, hängt der Himmel niedrig; die Sterne sind zum Greifen nah.

Die Stadt hat ihre eigenen, künstlichen Lichter. Sie sind vertraut, dienstbar und nah. Aber sie sind schwach, ohne Gewalt, wie die Sterne über den auf der Erde zusammengekauerten Hirten.

Einst war das Volk Israel als Ganzes ein Hirtenvolk gewesen, das sich mühsam seine Daseinsberechtigung in der Welt der Dorf- und Stadtbewohner erkämpfen musste. Zur Zeit der Geburt Jesu ist das vergessen. Hirten sind Außenseiter; man meidet sie, weil sie häufig mit kranken Tieren und Tierkadavern in Berührung kommen. Dass der Himmel ausgerechnet bei ihnen das Guckloch aufmacht, dass sich die jenseitige Welt mit der Botschaft der Freude ausgerechnet über den Kleinen und Verachteten öffnet, ist die erste der besonderen Pointen, welche die Weihnachtsgeschichte für uns bereithält. Die Weihnachtsbotschaft erging nicht auf dem Dienstweg. Im Tempel tat sich nichts, wohl aber bei ein paar stinkenden, nachtarbeitenden «Outcasts».

Wir sehen hier eine erste bedeutende Voraussetzung, die das Christentum von den meisten anderen Religionen auf der Erde unterscheidet. Wenn es denn sein soll, dass der Mensch etwas von Gott weiß, dann kann es nicht das Ergebnis einer menschlichen Denkanstrengung sein. Die menschlichen Hände, die in den Himmel greifen, fassen ins Leere. Sie machen sich keinen Begriff von Gott. Das Universum verschluckt die menschlichen Suchscheinwerfer. Alle unsere Kategorien sind zu klein, um den unendlichen Gott auf eine Formel zu bringen. Wenn wir denn etwas über den Unendlichen wissen sollen, muss etwas Ungeheuerliches passieren: Gott selbst muss sich zeigen. Der Unbegreifliche muss von sich aus sein Geheimnis verlassen, aus ihm hervortreten. ER, der

Allmächtige, muss den Himmel über uns zerreißen, uns quasi von oben her nahe kommen und sich menschlich fassbar machen. Gott muss sich in eine Sprache übersetzen, die wir verstehen. Weihnachten bedeutet philosophisch: Gott ist erschienen. So gesehen versteht man, warum in der Ostkirche das Fest der Erscheinung des Herrn das eigentliche, festlich begangene Weihnachten ist. Das ist auch der tiefere Sinn der Licht- und Goldorgien und all des schönen Scheins, den wir an Weihnachten inszenieren.

«Da trat der Engel des Herrn zu ihnen», heißt es weiter bei Lukas, «und der Glanz des Herrn umstrahlte sie» (Lk 2,9). Als jüngst eine deutsche Frauenzeitschrift ihre Leserinnen befragte, ob sie an Engel glauben, stimmten 43 Prozent mit «Ja». In Amerika brachte eine aktuelle Umfrage unter Christen zutage, dass es gar 97 Prozent waren, die sich sicher waren: Engel – ja, die gibt es. Viele Menschen scheinen aus ihrer Lebenserfahrung heraus den Psalmvers bestätigen zu können: «Denn er befiehlt seinen Engeln, dich zu behüten auf all deinen Wegen. Sie tragen dich auf ihren Händen, damit dein Fuß nicht an einen Stein stößt» (Ps 91,11–12). Wenn Gott uns gut ist, kündigt sich seine Güte oft in Gestalt eines Engels an. Wir fühlen uns bewahrt, geschützt, geführt, von oben berührt. Wir entdecken, dass die Welt keine geschlossene Veranstaltung ist, dass es vielmehr absolut unerklärliche Eingriffe von ganz außen gibt. Wenn dem Einzelnen so etwas geschieht, vermuten die andern eine

Halluzination. Hier aber, in der Heiligen Nacht, ist es eine kollektive, nicht weginterpretierbare Erfahrung. Die Hirten sind geblendet vom Licht, das aus der Unendlichkeit kommt. Sie sind erschlagen vom «Glanz des Herrn», der vom Engel ausgeht und jetzt um sie ist.

Einst hatte Moses im Offenbarungszelt draußen vor dem Lager der Israeliten mit Gott gesprochen: «Lass mich doch deine Herrlichkeit sehen!» Doch Gott hatte ihm geantwortet: «Du kannst mein Angesicht nicht sehen; denn kein Mensch kann mich sehen und am Leben bleiben» (2. Mose 33,18.20). Gott ist eine Überdosis Licht. Wir könnten die reine Güte nicht ertragen, ohne von ihr geschluckt zu werden wie Tautropfen von der Sonne.

Der Kerubim mit dem Flammenschwert war eine erste Vorsichtsmaßnahme Gottes. Als sündige Wesen gab es im Garten der reinen Liebe keine Existenzmöglichkeit für den Menschen. Das reine Licht hätte das Zwielicht verbrannt. Die Güte Gottes wollte den Menschen jedoch auch dann nicht auslöschen, als er sich in seiner Freiheit gegen die ewige Liebe entschied. So wurden wir die von Gottes Engel aus dem Paradies Vertriebenen, als die wir uns auf der Erde empfinden.

Der Engel des Herrn, der den Hirten erscheint, ist eine zweite Vorsichtsmaßnahme Gottes. Wir sollen uns auch jetzt in der göttlichen Erleuchtungs- und Rettungsaktion nicht überfahren fühlen. Gott will uns nicht mit Gewalt zu sich zurückzwingen. Wir sollen nicht geblendet und

an die Wand gespielt werden durch eine göttliche Show. Gott möchte etwas von sich zeigen. Dazu wählt er keine Flammenschrift am Horizont der Metropolen, sondern ein geheimnisvolles Geschehen aus Licht und Freude bei Hirten am Rand der Welt.

Das, was der Engel von dem die Menschen überfordernden Glanz des Herrn mit sich bringt, ist immer noch zu viel: «Sie fürchteten sich sehr», heißt es von den Hirten (Lk 2,9b); und weiter: «Der Engel aber sagte zu ihnen: ‹Fürchtet euch nicht, denn ich verkünde euch eine *große Freude,* die dem ganzen Volk zuteil werden soll … !›» (Lk 2,10).

Geht es nicht eine Nummer kleiner?

Hier endlich sind wir bei der großen Freude angelangt. Es ist die Stelle, an der sich jeder an seine eigene große Freude erinnern muss, worin immer sie bestand. Irgendetwas ist da in jedem Leben, davon bin ich überzeugt. Für mich war es die kleine Eisenbahn an jenem Wintermorgen des Jahres 1960 oder 1961. Für meine Frau ist es die Erinnerung, als kleines Kind im Bettchen gestanden und aus Herzensgrund gesungen zu haben. Für andere Menschen mag sie darin bestehen, dass sie im Schoß ihrer Mutter gewiegt wurden, dass sie auf einer Sommerwiese lagen und dem Brummen von Insekten zuhörten oder dass sie eines Tages vom Geschenk einer großen, unverdienten Liebe überfallen wurden.

Es gibt auch paradiesische Freuden, die unsere individuellen Glückserfahrungen übersteigen, und wenn es die Freude war, im Sommermärchen der Fußballweltmeisterschaft 2006 inmitten eines Fahnenmeeres zu stehen und aufzugehen in einem Ozean aus lauter Seligkeit.

Da erscheint also im Jahr 6 oder 7 v. Chr. (nimmt man es historisch genau, so wurde Christus tatsächlich ein paar Jahre vorher geboren) ein Engel des Herrn ei-

ner Schar von weltgeschichtlichen Statisten, um ihnen die ultimative Freude anzusagen. Der Engel kündigt ihre Qualität und ihren Radius an: Es ist eine große Freude, und es ist eine Freude, die dem *ganzen Volk* gilt.

Freude also für alle. Freude für die Menschen gestern, heute und morgen. Freude für dich und mich. Die Freude der Hirten ist dieselbe «überaus große Freude» (Mt 2,10), von der Matthäus spricht, wenn er den Jubel der Sterndeuter schildert, als das astronomische Weltereignis des aufgegangenen Sternes über einer Hütte in Bethlehem stehen bleibt.

Bethlehem? Nie gehört. Wo bitte sehr findet man das? Kann das sein, dass der Aufgang der ultimativen Freude für jedermann in einem Provinzkaff im Nahen Osten verortet wird? Nicht in Rom, nicht in Athen, nicht in New York, nicht an Kaiserhöfen, nicht in Eldorado, nicht in Las Vegas, wo man in einer Stunde sein Glück machen kann? Nein, die ultimative Freude für jeden Menschen ereignet sich – folgt man der biblischen Weihnachtserzählung – gerade nicht dort, wo die Kugel rollt, nicht im Lichtkegel der Kameras, *nicht* an den Knotenpunkten der Weltgeschichte. Sie wird auch nicht den gekrönten Häuptern, den Börsenspekulanten, den Glücksrittern und Yachtbesitzern geschenkt.

Die von Gott in Szene gesetzte Weltglücksgeschichte ereignet sich dort, wo sich Fuchs und Hase gute Nacht sagen. Absolute Nullen der Weltgeschichte, ein paar zerlumpte Hirten vor den Toren von Bethlehem, werden mit einem Schlag von der Peripherie ins Zentrum der Welt katapultiert. Das scheinbar so gottverlassene Kaff Bethlehem wird per Dekret des Engels jetzt und für immer zum Nabel der Welt: «Heute ist euch in der Stadt Davids (in Bethlehem) der Retter geboren.»

Das ist die zweite bedeutende Voraussetzung, die das Christentum unterscheidbar macht von allen anderen Wegen in das Glück. Das Glück, die Freude, der Himmel, die Rettung, das Paradies, all das fällt von oben in die konkrete menschliche Geschichte ein – und zwar so konkret, dass man Ort und Zeit und Umstände beschreiben, ja dass man mit dem Finger darauf zeigen kann: In Bethlehem war es, in einer sternenhellen Nacht, im Kontext einer Hirtengemeinschaft. Das ist ein Ärgernis, und dieses Ärgernis fordert alle Kraft des Glaubens heraus. Geht es, was die Herstellung von Glück anbelangt, nicht einfacher; geht es nicht eine Nummer kleiner?

Menschlich liegt es ja weitaus näher zu sagen: Jeder ist seines Glückes Schmied. Die Quintessenz von Goethes «Faust» lautet ja bekanntermaßen: «Wer immer strebend sich bemüht, den können wir erlösen!» Die marktgängigen Glücks- und Erlösungsstrategien funktionieren alle nach Goethe oder nach dem berühmten Witz, in dem ein Ortsunkundiger in New York einen Einheimischen fragt: «Wie komme ich in die Philharmonie?», und der Befragte antwortet: «Da kann ich Ihnen nur sagen: Üben, üben, üben!» Üben, üben, üben! – das sagt uns auch das Positive Denken. Tu das! Mach jenes! Hast du das schon

ausprobiert? Damit kann man sein Glück machen, kann man die Welt überwinden!

Natürlich ist es in jedem einzelnen Fall eine zynische Auskunft. Die Wenigsten kommen wirklich in die Philharmonie. Und die dort sind, schauen auch nicht als Erlöste in die Welt. Wenn jemand kommt und sagt: «Reiki ist das Absolute (oder Qigong oder Yoga oder Shiatsu oder Tai-Chi), du musst nur kräftig üben!» – so findet er unsere wohlwollende Skepsis: Mag sein, denken wir, müsste man mal ausprobieren. Wir betrügen uns mit Vorliebe an dem Gedanken, man *könnte* ja glücklich sein, wenn man es nur richtig *wollte*. Das Christentum aber sagt: «Mit richtig Wollen ist gar nichts getan – schau nach Bethlehem, dort findest du das Paradies! Dort machst du dein Glück.»

Dieser seltsame Hinweis auf die Fundstelle von Glück wird nicht nur uns zugemutet. Er wurde auch den Hirten zugemutet. Was mochten die Glücksfantasien der Hirten gewesen sein? Ein anstrengungsloses, ungefährdetes Leben, saftige Weiden für ihre Tiere, Herden, die sich ohne Fehlwurf und Dezimierung durch Raubtiere vermehren, gute Preise für die Wolle, Wohlstand und Ansehen, Gesundheit und Frieden – das würde ihnen fürs Erste genügen. Viel weiter wird ihre Fantasie nicht gereicht haben. Sie werden nicht damit gerechnet haben, dass es eine Freude über alle Freuden hinaus geben könnte, eine Freude, die ihre menschliche Existenz an der Wurzel heilt: «Heute ist euch … der Retter geboren.»

Wenn wir von Rettung reden, sind wir bescheiden. Wir hoffen, dass im Notfall ein Krankenwagen zur Stelle ist, dass uns die Steuerfahnder nicht an den Wickel kriegen, dass wir da und dort noch einmal davonkommen und unbehelligt unser Ding machen können: *Gerettet, ha!* Die Bibel versteht unter Rettung etwas ganz anderes, viel Fundamentaleres. Es geht um Errettung vor dem existenziellen Absaufen. Es geht um Errettung vor dem Dahinvegetieren in unseren Wohnsilos, in denen wir uns mit Alkohol, Fernsehen und tanzenden Christbäumen über die grundsätzliche Schieflage unserer Existenz hinweglügen. Dass es nämlich abwärtsgeht mit uns. Dass uns die Chancen auf das große Glück zwischen den Fingern zerrinnen. Dass wir alt und vergesslich werden. Dass uns zur Stunde X das Pech, zur Stunde Y die Krankheit und zur Stunde Z der Tod einholt.

Dort hinein platzt die Botschaft des Engels: «Heute ist euch … der Retter geboren.» Die Bibel geht aufs Ganze. Sie sprengt den Graubereich mittlerer Zufriedenheit durch die ekstatische Freude einer wirklichen und absoluten Rettung vom Tod. Sie sagt: Du wirst nicht absaufen, denn es gibt einen Retter für dich, der bringt dich ans Ufer. Gott liebt dich. Er sorgt für dich persönlich. Du sollst Leben haben, jetzt und für immer.

Das alles schließt das Glücksversprechen von Weihnachten ein.

Das kleine große Zeichen

Wir Menschen wollen immer Beweise haben. Selbst in der Liebe achten wir darauf, dass uns ab und an eine Krawatte oder ein Ohrring geschenkt wird, um sicherzugehen, dass die Liebe noch da ist. Der Engel des Herrn wartet nicht darauf, dass ihn die Hirten fragen: «Der Retter? … Beweise bitte!» Der Engel des Herrn kennt die Gedanken des Herzens und sagt von sich aus: «Und das soll euch als Zeichen dienen: Ihr werdet ein Kind finden, das, in Windeln gewickelt, in einer Krippe liegt» (Lk 2,12).

Das klingt wie ein Witz. Der große, allmächtige, ewige Gott, der Schöpfer der Welt, lässt mit riesigem Tamtam und Engelspomp einen Retter ankündigen – und wenn man etwas davon sehen will, wird man auf eine stinknormale Allerweltsszene verwiesen: Guckt euch ein bestimmtes Baby an! Der Himmel erspart uns nicht einmal die stinkenden Windeln und auch nicht das aparte Detail, dass es sich offenkundig um eine asoziale Geburt handelt, die da zur Schlüsselstelle zwischen Himmel und Erde hochstilisiert wird: Das Baby, das die Hirten aufstöbern sollen, ist daran kenntlich, dass es in einem Tierfuttergestell liegt. Hätte es nicht wenigstens eine normale Kinderwiege sein können?

Um diesen merkwürdigen Baby-Beweis ebenso lächerlich zu finden wie hernach die ganze ungläubige Welt, fehlt den Hirten die Distanz. Denn «plötzlich», heißt es bei Lukas, «war bei dem Engel ein großes himmlisches Heer, das Gott lobte und sprach: Ehre sei Gott in der Höhe und Friede auf Erden den Menschen seiner Gnade!» (Lk 2,13). Ein asoziales Baby – und die Himmel beginnen zu tanzen! Das Guckloch bricht auf in einem gewaltigen symphonischen Himmelskonzert. Alle verfügbaren Engel geraten darüber aus dem Häuschen, dass am Rand der Welt ein bestimmtes Kindchen geboren wird. Die großen Maler der Welt, die himmlischen Musiker – Vivaldi, Bach, Mozart –, alle haben sie ihn einzuholen versucht, den Jubel aus der jenseitigen Welt, den sekundenhaften Ausschnitt jenes ewigen paradiesischen Jubels, der immer um Gott ist, der auch jetzt da ist, eine Handbreit neben dem Gerümpel unserer Wirklichkeit, jenen Jubel, den wir nur ahnen, aber nicht wahrnehmen können, weil unsere Augen und Ohren dafür zu schwach sind.

Wir waren nicht dabei, als sich über den Hirten der Himmel öffnete. Wir, die wir mit allen Wassern der Aufklärung gewaschen sind, haben die eingebaute Neigung, bloß berichtetem Himmelszauber gründlich zu misstrauen. Das klingt nach Märchen, nach guter Erfindung. Wie immer es gewesen sein mag – die Hirten lassen unter beträchtlichem Risiko ihre Tiere allein in der Nacht zurück: «‹Kommt, wir gehen nach Bethlehem, um

das Ereignis zu sehen, das uns der Herr verkünden ließ.›
So eilten sie hin und fanden Maria und Josef und das
Kind, das in der Krippe lag» (Lk 2,15–16). Um genauer
zu sein: Sie fanden ein etwa 14- bis 15-jähriges Mäd-
chen, das in Begleitung eines etwas älteren Mannes ein
uneheliches Kind zur Welt gebracht hatte. Eine ziemlich
krumme Geschichte!

Nur für die Augen der Liebe

Was mich daran immer berührte: Diese Geschichte ist derart krumm, derart verrückt, derart gegen den Strich jeder romanhaften Erwartung gebürstet, dass sie … – nun was? – dass sie für mich schlicht und einfach das «Aroma» der Wahrheit ausstrahlt.

Hätten sich Tolstoi oder Balzac mit einer Flasche Rotwein hingesetzt, um Weihnachten zu erfinden – darauf wären sie im Leben nicht gekommen! Das Engelskonzert hätten sie erfunden, vielleicht auch die Geschichte von den Sterndeutern aus dem Osten, aber – wetten, dass? – eine asoziale Menschwerdung Gottes im Futtertrog, das wäre ihnen absolut nicht in den Sinn gekommen. Und hätten sie unter dem Einfluss einer weiteren Flasche Rotwein wirklich etwas derart Verrücktes zu Papier gebracht, hätte es ihnen der nächstbeste Lektor bei erster Durchsicht des Stoffes in der Luft zerrissen: Freunde, bitte … Bleibt auf dem Teppich, das macht keinen Sinn, lasst euch etwas Logischeres einfallen!

Balzac und Tolstoi scheiden Gott sei Dank aus, wo es um die überraschende Logik Gottes geht. «Ihr werdet ein Kind finden, das, in Windeln gewickelt, in einer Krippe liegt» als Zeichen Gottes – das ist unerfindbar!

Das können sich Menschen nicht ausgedacht haben, denen von Kindesbeinen an die Wucht und Größe Gottes eingebleut wurde, dessen Namen man nicht einmal schreiben, von dem man kein Bild malen durfte. Das ist nur denkbar unter der Wucht wirklicher Ereignisse. Das ist nur machbar von einem Gott her, der einst durch den Mund seines Propheten Jesaja sagen ließ: «Meine Gedanken sind nicht eure Gedanken und eure Wege sind nicht meine Wege – Spruch des Herrn. So hoch der Himmel über der Erde ist, so hoch erhaben sind meine Wege über eure Wege und meine Gedanken über eure Gedanken» (Jes 55,8–9). Das alles ist nur denkbar von einem Gott her, der «Liebe» ist (1. Joh 4,16) und seinen Lieblingsgeschöpfen liebenswürdig sein möchte. Das Kind in der Krippe ist das, «was kein Auge gesehen und kein Ohr gehört hat, was keinem Menschen in den Sinn gekommen ist: das Große, das Gott denen bereitet hat, die ihn lieben» (1. Kor 2,9).

«Jesus», hat der Schweizer Theologe Hans Urs von Balthasar einmal gesagt, «leuchtet ein». Er gibt sich nicht her als Objekt logischer Deduktionen und schlagender Beweise. Er möchte, dass Leute in die Krippe schauen und sagen: «Das ist die Wahrheit über Gott!» Er gibt sich so in die Welt, dass alle Denkfabriken der Welt zusammen ihn nicht gescannt bekommen, die Augen der Liebe ihn aber entdecken.

Einfachste Menschen können plötzlich alles begreifen. Gott übersetzt sich in die Muttersprache von jeder-

mann. Er macht sich menschlich, nicht nur verständlich. Er wird Mensch. Weihnachten ist keine geschickt menschelnde Infoveranstaltung himmlischen Marketings. Weihnachten ist die Selbstauslieferung Gottes in unser Fleisch hinein: «Und das Wort ist Fleisch geworden und hat unter uns gewohnt, und wir haben seine Herrlichkeit gesehen» (Joh 1,14). Gott ist, was er sagt. Benedikt XVI. verdeutlicht es mit dem bekannten Zitat: «Gott ist nicht weit weg von uns, irgendwo im fernen Weltraum, wo niemand hinkommen kann. Er hat sein Zelt aufgeschlagen bei uns: In Jesus ist er einer von uns geworden, mit Leib und Blut wie wir.»

Würde Moses noch einmal sagen: «Lass mich doch deine Herrlichkeit sehen!», er bekäme jetzt die Antwort: «Schau in die Krippe! Meine Macht ist meine Ohnmacht. Meine Herrlichkeit ist meine Schwäche. Meine Stärke ist meine Verletzlichkeit.»

Fragt sich nur: Warum?

Lassen wir uns auf das «Warum» eine unverdächtige Antwort geben. Sie stammt von dem Erz-Atheisten des 20. Jahrhunderts, dem französischen Philosophen Jean-Paul Sartre. Sartre war es gewesen, der den Menschen aus allen Bindungen und Vorgaben befreien wollte, der «die totale Freiheit und die totale Verantwortung des freien Menschen in einer Welt ohne Gott, ohne Gnade und ohne Reue verkündete» (Wilfried Schumacher). Von diesem Sartre nun stammt der bemerkenswerte Satz: «Wenn Gott für mich Mensch würde, dann würde ich ihn lieben, ihn ganz allein. Dann wären Bande zwischen ihm und mir, und für das Danken reichen alle Wege meines Lebens nicht, ein Gott, der Mensch würde aus unserem liebenswerten, elenden Fleisch, ein Gott, der das Leid auf sich nähme, das ich heute leide. Ja, wenn Gott Mensch würde für mich, dann würde ich ihn lieben.»

Aus welchen Gründen Sartre selbst nicht vom Konjunktiv zum Indikativ fand, warum er es sich mit Gewalt verbot, das Kind in der Krippe als die Menschwerdung Gottes anzuerkennen, steht auf einem anderen Blatt. Fest steht: Kaum einer beschrieb Weihnachten treffender als gerade dieser Mann, der sich selbst als der große Aus-

löscher Gottes aus den Herzen der Menschen verstand. Sartre hatte intuitiv begriffen: Wir Menschen könnten Gott vielleicht achten, aber wir *könnten ihn niemals lieben,* wenn unser Ureigenstes – unser Leib, unser Leben, unsere Liebe, unsere Hoffnung – für den Orkus bestimmt wäre, wenn jeder Einzelne von uns eine letztlich nutz- und sinnlose Veranstaltung eines ebenso nutz- und sinnlos sich reproduzierenden Universums wäre.

Dass Gott liebenswert würde, dazu müsste es schon geschehen, dass der Allmächtige, der Geist ist und Licht vom Licht, in unseren Erdendreck herabsteigt; dazu müsste sich der «erste Beweger» (Aristoteles), der «ganz Andere» (Karl Barth) aller Macht und Größe entäußern; dazu müsste es einen Gott geben, «der Mensch würde aus unserem liebenswerten, elenden Fleisch, ein Gott, der das Leid auf sich nähme, das ich heute leide». Das schien Sartre nicht denkbar. Er traute Gott eine solche Liebe nicht zu. Kann der große Gott nicht klein werden?

Wenn das stimmt

Benedikt XVI. machte genau dies zum Thema seiner Ansprache in der Heiligen Nacht 2005. Hätte er Sartre direkt ansprechen können, er hätte ihm vermutlich gesagt: «Sartre, Sie denken zu klein von Gott!» Seinen Zuhörern im Petersdom sagte er damals: «Gott ist so groß, dass er klein werden kann. Gott ist so mächtig, dass er sich wehrlos machen kann und als wehrloses Kindlein auf uns zugeht, damit wir ihn lieben können. Gott ist so gut, dass er auf seinen göttlichen Glanz verzichtet und in den Stall herabsteigt, damit wir ihn finden können und so seine Güte auch uns berührt, uns ansteckt, durch uns weiterwirkt. Das ist Weihnachten: ‹Mein Sohn bist du; heute habe ich dich gezeugt.› Gott ist einer von uns geworden, damit wir mit ihm sein, ihm ähnlich werden können. Er hat das Kind in der Krippe zu seinem Zeichen gewählt: So ist er. So lernen wir ihn kennen. Und über jedem Kind steht etwas vom Strahl dieses Heute, von der göttlichen Nähe, die wir lieben und der wir uns beugen sollen – über jedem Kind, auch über dem Ungeborenen.»

Wenn das stimmt – welche Würde hat dann das geschundene, missbrauchte, vergewaltigte Menschenfleisch! Welche göttliche Würde! Wenn das stimmt –

welche Abgründe liegen dann im Jesuswort: «Was ihr für einen meiner geringsten Brüder getan habt, das habt ihr mir getan» (Mt 25,40)! Mit welcher Achtung müssten wir im Angesicht solcher Aussagen noch der letzten Gossengestalt unter allen Menschenkindern begegnen? Wie müssten wir die Menschen suchen, ihnen nachgehen, sie lieben, für sie kämpfen, uns ihrer erbarmen, zu ihnen gütig sein, wo unser Gott selbst uns doch aus ihrem Dreck, ihrem Leid und ihrer Erniedrigung entgegenkommt?

Trutz-Nachtigall

Schauen wir uns die Geschichte eines Menschen an, der es Gott zutraute, dass er sich wider alle Erwartung auf Not, Elend und Leid des aus dem Paradies vertriebenen Menschen einließ. Nicht viele kennen den Namen des Barockdichters Friedrich von Spee (1591–1635), aber alle kennen seine Lieder, etwa das Adventslied «O Heyland reiß die Himmel auff», das Weihnachtslied «Zu Bethlehem geboren», das Osterlied «Die gantze Welt Herr Jesu Christ» oder das Krippenlied «O Jesulein zart». Sie finden sich in einer kunstvoll komponierten Sammlung von 51 Liedern, die fünfzehn Jahre nach seinem Tod unter dem merkwürdigen Titel «Trutz-Nachtigall» in Köln erschien.

Spee wollte, «dass Gott auch in deutscher Sprach seine Poeten hätte, die sein Lob und seinen Namen ebenso künstlich als andere in ihren Sprachen singen und verkünden können».

Er sehnte sich danach, dass in einer von Hexenwahn, Krieg und Pestepidemien gekennzeichneten grausamen Zeit etwas ganz Schönes, unendlich Tröstliches aufscheint, so wie es der überirdisch schöne Gesang der unscheinbaren Nachtigall ist, der den Frühling bereits zu einer Zeit ankündigt, wo Nacht und Kälte noch un-überwindbar scheinen – ein singender Bote aus dem Paradies.

Was Nacht und Elend ist, hat Friedrich von Spee an sich und anderen bis zum Exzess erfahren. Als er 19-jährig gegen den Willen seiner adligen Eltern bei den Jesuiten eintrat, kam er nach Trier, in eine Stadt, die er bereits zwei Jahre später auf der Flucht vor der Pest verlassen musste. Als Priester zeichnete sich Friedrich von Spee durch sein soziales Engagement aus. Er machte sich freilich auch viele Feinde, so dass er 1629 nur mit knapper Not und lebensgefährlichen Verletzungen einem Mordattentat entging.

Auf dem Höhepunkt des Hexenwahns, der immer grausamere Blüten in der Verfolgung unschuldiger Frauen trieb – 1487 war der «Hexenhammer» des Heinrich Institoris erschienen –, war Friedrich von Spee der Erste, der mit seiner anonym publizierten Schrift «Cautio Criminalis» gegen die Praxis der Hexenprozesse protestierte. Was heute wie ein selbstverständlicher Akt der Humanität erscheint, war zu Spees Zeiten tollkühn. Wer Hexen in Schutz nahm, machte sich verdächtig, sich auf die Seite des Teufels zu schlagen. 1633, zwei Jahre nach Veröffentlichung der «Cautio Criminalis», gab der Orden dem Druck der Öffentlichkeit nach und versetzte den mutigen Mann von Köln nach Trier.

Zwei Jahre lehrte er dort noch Kasuistik und arbeitete als Seelsorger in den Krankenhäusern und Gefängnissen

der Stadt. Der vornehme Mann war sich nicht zu schade, sich bei der Betreuung und Pflege von verwundeten und pestkranken Soldaten zu engagieren. Wir können uns heute nicht mehr vorstellen, was das heißt, sich dem Gestank und dem Elend der Spitäler auszusetzen. Spee sah die offenen Geschwüre; er hörte das Wimmern der Leidenden, er sah das menschliche Fleisch von seiner rohesten und abstoßendsten Seite. Als «alter stinkender Madensack» hatte sich Luther in einer schwachen Minute bezeichnet. Man kann sich vorstellen, dass der Anblick des Pest- und Kriegselends auch in Friedrich von Spee die Versuchung zur Verachtung des menschlichen Fleisches geweckt haben könnte.

Es sollte noch schlimmer kommen. Eines Tages im Jahr 1635 entdeckte Friedrich von Spee an seinem eigenen Körper die sicheren Anzeichen der Pest. Es war die Zeit, in der er an seiner «Trutz-Nachtigall» feilte. Es ging brutal zu Ende mit ihm, als er die Nachtigall, den Vorboten des Lebens, singen ließ.

Hat Friedrich von Spee die Pestbeulen an seinem eigenen Fleisch gesehen, als er das unvergängliche Lied «Zu Bethlehem geboren» verfasste? Als er die Zeilen der vierten Strophe niederschrieb, wo von «meinem Fleisch und Blut» die Rede ist und wo gleichzeitig in innigster Sprache ein Gott bezeugt wird, von dem Sartre leider nur von weitem zu träumen wagte?

Ich bekenne es: Ich kann mich diesem Lied nicht entziehen. Jahr für Jahr freue ich mich, wenn es gesungen wird. Ich singe es so laut und gleichzeitig so innig, wie ich kann. Ich singe dieses Lied seit vierzig Jahren. Wahrhaft selbst «in Freuden und in Schmerzen» habe ich es gesungen, nicht wissend, in welchem dramatischen Kontext es entstanden ist. Es geht auch nicht darum, dass wir etwas von Friedrich von Spee fühlen, auch nicht, dass wir so lange im Sentiment rühren, bis die inneren Wasser fließen von lauter «Weihnachtsfreude».

Es kommt darauf an, dass wir etwas von Gott spüren, der uns unerwartet in den Winternächten unserer Leere und unseres Elends heimgesucht hat. Vielleicht spricht es dann auch in uns: Herr, ich kann nicht lieben, aber lass mich dir nahe kommen, der du die *volkomne Liebi* bist. Ich habe den Geschmack an den Dingen und die Freude verloren, aber ich will dich anschauen, dass du mir einleuchtest. Und wenn ich satt bin, so entfache Hunger in mir, dass ich dich wieder schmecke, der du meine Seele nährst durch grundlose Süssikait.

O Kindelein, von Herzen
Dich will ich lieben sehr
In Freuden und in Schmerzen
Je länger mehr und mehr.

Dich wahren Gott ich finde
In meinem Fleisch und Blut;
Darum ich fest mich binde
An dich, mein höchstes Gut.

Am 7. August 1635 starb Friedrich von Spee im Alter von 44 Jahren in Trier an der Pest. Im Glauben an den fleischgewordenen Gott, im Vertrauen auf die im Kind erschienene Liebenswürdigkeit Gottes, feierte er mitten im Sommer sein «Weihnachten», seine Geburt im Himmel.

Das wiedereröffnete Paradies

Rund hundert Jahre vor Friedrich von Spee brachte auch die reformatorische Christenheit einen großen Dichter hervor. An der Lateinschule in Joachimsthal gab es einen begeisterten Lehrer und Kantor namens Nikolaus Herman (1500–1561). Ein Brief Martin Luthers ist dem Mann gewidmet, dem wir viele der schönsten geistlichen Lieder, unter anderem das «Lobt Gott ihr Christen alle gleich», verdanken. Als er bereits im Ruhestand war, dichtete und komponierte er «Die Sonntagsevangelia über das Jahr in Gesänge verfasset für die Kinder und christlichen Hausväter».

Schöner als er hat kaum einer von dem weihnachtlichen Gott gesprochen, «der heut schließt auf sein Himmelreich und schenkt uns seinen Sohn». Der Gott, den wir loben sollen:

Er kommt aus seines Vaters Schoß
Und wird ein Kindlein klein,
Er liegt dort elend, nackt und bloß
In einem Krippelein,

Entäußert sich all seiner Gewalt,
wird niedrig und gering
und nimmt an eines Knechts Gestalt,
der Schöpfer aller Ding.

Heut schließt er wieder auf die Tür
zum schönen Paradeis;
der Cherub steht nicht mehr dafür,
Gott sei Lob, Ehr und Preis.

Du bist nicht allein

Lassen Sie mich zum Abschluss noch etwas über Weihnachtsgeschenke sagen. Für manche, denen zu Bethlehem, zu Jesus und dem lieben Gott nicht mehr viel einfällt, ist das der letzte Ausblick auf das Paradies, dass man an Weihnachten schenkt und beschenkt wird. Die Ironie der Geschichte ist, dass sich ausgerechnet aus dieser himmlischen Praxis hier und da höllischer Stress entwickelt: der allbekannte Krieg der Geschenke. Gaben des Herzens werden in Euro aufgewogen. Schenkst du mir, schenk ich dir. Je größer, ausgefallener, verrückter das Geschenk, desto größer die Liebe. Besonders Ausgeschlafene vergessen schon einmal das Preisschild vom Collier abzutrennen. Besonders nüchterne Zeitgenossen wollen Liebesbeweise am besten gleich in cash.

Seit Jahren versuchen wir in der Familie, uns dieser fatalen Eigendynamik weihnachtlichen Schenkens zu entziehen. Die Materialschlacht unter dem Christbaum ist Vergangenheit. Mittlerweile ist es ein Stück unserer «family correctness» geworden, materielle Liebesbeweise (die es durchaus noch gibt) ein wenig ironisch zu betrachten und uns vornehmlich geistige, individuelle Geschenke zu bereiten. Was heißt das? Wir schenken uns Zeit – das vor allem. Wir investieren die größte Mühe, uns ein unvergessliches Fest zu bereiten. Tagelang schmückt meine Frau das gesamte Haus mit kunstvollen Stroh- und Goldsternen, die als geheimer Familienschatz sorgsam verwahrt und aufgehoben werden. Stundenlang baut unsere «Feinmotorikerin» Regina eine hochdifferenzierte, bis ins Kleinste durchdachte Weihnachtskrippe auf, während Isabel einen halben Tag darauf verwendet, einen «Echtholztannenbaum» in ein Kunstwerk zu verwandeln. Küchenexperte Lukas tüftelt einen Speiseplan aus, der jedem Fünf-Sterne-Haus zur Ehre gereichen würde. Der Heilige Abend ist ein Ritus in einem Meer von Kerzen, in dessen Mittelpunkt die Verlesung der Weihnachtsgeschichte nach dem Evangelisten Lukas steht. Unter dem Christbaum liegen durchaus ein paar gekaufte, vor allem aber so seltsame Dinge wie Briefe, handverzierte Bücher, selbstgemalte Bilder und handgeschriebene Gutscheine.

Am meisten aber freue ich mich über das Geschenk, das mir meine Frau macht. Irgendwann fing sie mit dem «Weihnachtsbuch» an, einer kunstvoll von ihr gearbeiteten Kladde, in der sie Jahr für Jahr den Text hinzu kalligraphiert, der uns beide im vergangenen Jahr am meisten berührt hat. Mal ist es ein kurzer Auszug aus einem Roman, mal ein Gedicht, mal ein Stück Philosophie, mal ein Bonmot, mal ein kleiner Aphorismus: «Weißt du noch, wie wir unter dem Ölbaum in Griechenland saßen und aus Kästners ‹Stundenbuch auf dem Berg Athos› la-

sen?». Ja – natürlich weiß ich es noch. Dieser Moment war unendlich kostbar. Er verband uns in der Tiefe; er ist ein Stück unserer Biografie als Paar.

Dieses Geschenk war es, an dem mir der Sinn weihnachtlichen Schenkens überhaupt aufging. Niemand hat ihn besser in Worte gefasst als Antoine de Saint-Exupéry: «Schenken ist der Brückenschlag über den Abgrund der Einsamkeit.» Mein Weihnachtsglück ist es, eine Frau und eine Familie zu sehen, in der jeder versucht, nicht bei sich, sondern beim anderen zu sein. An Weihnachten sagen mir tausend kleine Zeichen: Du bist nicht allein. Ich bin für dich da.

Die Hölle, das ist eine Welt, in der jeder bei sich bleibt. Der Himmel, das ist eine Welt, in der Menschen einander gerade das geben, was sie selbst behalten möchten. Wer das in seiner ganzen Tiefe bedenkt, nähert sich der Mitte aller Dinge, dem wiederhergestellten Paradies: einem Gott, der die göttliche Seligkeit nicht für sich behält. Einem Gott, der sich aus grundloser Liebe selbst zum Geschenk macht. Einem Gott, der nie weniger gibt als sich selbst. Einem Gott, der den Abgrund der letzten Einsamkeit, die jeden Menschen bedroht, überbrückt. Und so ist Weihnachten zuletzt eine individuell adressierte Botschaft Gottes an uns. Sie lautet:

Du bist nicht allein. Ich bin für dich da.